Garfield

ALBUM GARFIELD #17

PRESSES AVENTURE

Publié par **Presses Aventure,** une division de
Les Publications Modus Vivendi inc.
5150, boul. Saint-Laurent
Montréal (Québec)
Canada
H2T 1R8

Conception de la couverture : Marc Alain
Infographie : Modus Vivendi
Version française : Jean-Robert Saucyer

Dépôt légal, 1er trimestre 2006
Bibliothèque nationale du Québec
Bibliothèque nationale du Canada

ISBN : 2-89543-330-5

Nous reconnaissons le soutien financier du gouvernement du Canada par
l'entremise du Programme d'aide au développement de l'industrie de l'édition
(PADIÉ) pour nos activités d'édition.

Gouvernement du Québec – Programme de crédit d'impôt pour l'édition de
livres – Gestion SODEC

TU NE ME CROIRAS JAMAIS, GARFIELD! J'ÉTAIS À LA PÂTISSERIE POUR ACHETER DES BEIGNETS QUAND TROIS NAINS DÉGUISÉS EN GORILLES, ARMES AU POING, SE SONT EMPARÉS DE LA CAISSE!

FLÛTE!

ALLONS JON, N'OMETS AUCUN DÉTAIL

LE GLAÇAGE, CHOCO OU VANILLE?

JIM DAVIS 10-16

JE VAIS VOUS MONTRER COMMENT FAIRE DES "FLEXIONS CRIC"

JIM DAVIS 10-17

VOUS ÊTES TOUS EN MESURE DE FAIRE CET EXERCICE

CRIC   CRIC

EUF

10-18   JIM DAVIS

TOUS PEUVENT FAIRE DE L'EXERCICE

MAIS PARVENIR À UNE TELLE LÉTHARGIE EXIGE DE LA DISCIPLINE!

CETTE FOIS, JE SUIS PRÊT

ALLEZ LUNDI! MONTRE-TOI!

GARFIELD, NOUS ALLONS CHEZ LA VÉTÉ AUJOURD'HUI

GRRR!

DITES-MOI DOCTEUR

POURQUOI GARFIELD BOUFFE-T-IL TOUTES LES PLANTES QUE J'ACHÈTE?

VU LA FORME QU'IL A, C'EST L'UNE DES RARES CHOSES QUI COURENT MOINS VITE QUE LUI

L'HUMOUR, TOUJOURS L'HUMOUR!

DONNEZ-MOI UNE BONNE RAISON DE NE PAS SORTIR AVEC MOI

VOUS ÊTES DÉPLAISANT, ARROGANT, INSIPIDE ET ENNUYEUX

VRAIMENT? DONNEZ-M'EN UNE DEUXIÈME!

GARFIELD

OH, OH! JON A SON COSTUME DE VISITE CHEZ LE VÉTÉRINAIRE

JE SUIS CONTENT DE NE PAS RECEVOIR DE VACCIN DE CHIEN

UN VACCIN DE MINET POUR MOI ET UNE INJECTION DE MOLOSSE POUR TOI

LES SERINGUES POUR CHIEN SONT LONGUES COMME ÇA

SUIVANT!

D'ABORD, LE VACCIN DU CHIENCHIEN

VOILÀ, ÇA N'ÉTAIT PAS SI MAL, N'EST-CE PAS?

LE VACCIN DE MINET, À PRÉSENT

JE HURLE EN SILENCE

JIM DAVIS 10-26

RENDS-TOI UTILE, GARFIELD. VOICI LE MATELAS GONFLABLE ET LE MODE D'EMPLOI

Dérouler et poser à plat.

JE PEUX FAIRE ÇA

GARFIELD, IL N'Y A PAS PIRE DÉFAUT QUE L'APATHIE

ET APRÈS?

GARFIELD, TU ES UNE PERLE

MERCI MON CHER JON

SAIS-TU COMMENT SE FORMENT LES PERLES DANS LES HUÎTRES?

COMMENT?

PAR SUITE D'UNE CONSTANTE IRRITATION!

JON ME SEMBLE FÂCHÉ CONTRE MOI

ALLEZ! HOP!

GARFIELD, CE REQUIN GÉANT VIENT D'AVALER TOKYO. POURQUOI L'ACCLAMES-TU?

QUI AVALE TOUT SUR SON PASSAGE OBTIENT MON ADHÉSION

ET QU'ES-TU CENSÉ ÊTRE?

UN AUTRE NAGEUR INFORTUNÉ A SUCCOMBÉ AU REQUIN ORANGE

LE REQUIN ORANGE, LA PLUS PUISSANTE MACHINE À DÉVORER QUI SOIT, A REPÉRÉ UNE PROIE SANS DÉFENSE!

PIZZA DROIT DEVANT!

BEURK! DES ANCHOIS!

PTOU!

GARFIELD®

LES GENS HEUREUX SAVENT CE QUE NOUS ON IGNORE

QU'EST-CE QUE C'EST ?

MERCI BIEN GARFIELD!

DES CROQUETTES POUR CHIEN? VITE, À BOIRE!

DE LA SAUCE PIMENTÉE! JE BRÛLE!

GLOU GLOU GLOU

L'EAU DE L'AQUARIUM! UN ANTIDOTE! UN ANTIDOTE!

GARGL! DES ANCHOIS!!

ÇA PEUT DURER DES JOURS COMME ÇA

JIM DAVIS 11-9

LA GOURMANDISE

AUTONOMIE ET INDÉPEN-DANCE À PORTÉE DE SOI

BESOIN DE PERSONNE POUR Y SUCCOMBER!

JIM DAVIS 11-10

POUMP!

DÉJEUNER D'AFFAIRES

JIM DAVIS 11-11

HÉ GARFIELD! SAIS-TU L'HEURE QU'IL EST?

L'HEURE DU LUNCH?

L'HEURE DE S'AMUSER AVEC L'ÉLECTRICITÉ STATIQUE!

JIM DAVIS 11-12

UNE VRAIE MACHINE À GAGS!

BONJOUR GARFIELD!

Z

JE HAIS SON ENTHOUSIASME LE LUNDI

Z

AH HA! JE T'AI!

C'EST LE MOMENT DE TON TRAITEMENT ANTIPUCES. NE FAIS PAS LE MALIN. NE BOUGE PAS

PSSSSSS

BRAVE GARÇON!

SOURIS, JE SAIS QUE TU TE CACHES DERRIÈRE CE CARTON. SORS DE LÀ! LES MAINS EN L'AIR!

NOUS DEVRIONS FAIRE LE COMPTE DE CE QUI NOUS REND LA VIE BELLE

ZIP!

OUF! LE COMPTE Y EST!

GARFIELD, AS-TU BOUFFÉ MON BEIGNET À LA CONFITURE?

11-28

C'EST COMME JE TE DIS, JON. C'ÉTAIT UN BEIGNET SOLITAIRE PERDU DANS LA JUNGLE DU BOULANGER

PRIS DE FROUSSE, EN PROIE À LA DOULEUR, IL A FONCÉ DROIT SUR MON GOSIER ET JE N'AI EU D'AUTRE CHOIX

SI SEULEMENT JE COMPRENAIS CE QU'IL DIT

ME VOICI!

HELLO GARFIELD

QU'IL FAIT BON TE REVOIR!

11-29

CERTAINS PERDENT DU POIDS

JE NE LUI CONCÈDE QU'UN CONGÉ TEMPORAIRE

ODIE N'EST PAS LE CHIEN LE PLUS FUTÉ QUI SOIT

SON Q.I. EST SI PEU ÉLEVÉ, QU'IL FAUT CREUSER POUR LE TROUVER

MIAOU

MIAOU MIAOU MIAOU MIAOU MIAOU MIAOU

L'ÉCHO

TU AURAS FIÈRE ALLURE À LA MASCARADE

HÉ GARFIELD! QUE DIS-TU DU COSTUME D'ODIE?

IL NE MANQUE QUE LES ACCESSOIRES

IL EST 21H30 ET PERSONNE N'EST ARRIVÉ. QUE FAIRE?

VICTUAILLES, MA PETITE GUEULE QUITTE LA VILLE DANS 5 MINUTES. SOYEZ À BORD!

J'IGNORE POURQUOI NUL N'EST VENU À MA SOIRÉE. ILS ONT SÛREMENT REÇU LES INVITATIONS

J'AI CHARGÉ ODIE DE LES MENER À LA POSTE IL Y A TROIS JOURS

MAIS LUI AS-TU DIT DE LES JETER À LA POSTE?

BONJOUR POOKY

UN OURSON FAIT UN BON COMPAGNON DE LIT

PAS D'HALEINE DU MATIN

POUET

HA! HA! HA! TU AS PRESSÉ POOKY TROP FORT! C'EST TROP DRÔLE!

POUET

POUET

ARRRGH!

J'AI UNE BONNE NOUVELLE, GARFIELD

J'AI COMPLÈTEMENT REMBOURRÉ POOKY À TON INTENTION

VOUS FAITES UNE BELLE PAIRE DEPUIS QUE POOKY EST PLEIN COMME UN BOUDIN

TEL PÈRE, TEL FILS HEIN ?

BOUGE DE LÀ ODIE! JE DOIS EMBALLER LES ÉTRENNES

BONSOIR À TOUS! POUR DÉBUTER, QUELQUES CANTIQUES DE NOËL

SPLUT!

BLAT!

SPLAT!

LES CRITIQUES NE FONT PAS RELÂCHE PENDANT LES FÊTES

LES CADEAUX SONT SOUS L'ARBRE, LE RÉVEILLON EST PRÊT, PLUS QU'UNE CHOSE À FAIRE

JE TIENS À VOUS DIRE COMBIEN JE VOUS AIME!

JON VA DE PAIR AVEC NOËL. JE NE L'APPRÉCIE QU'UNE FOIS L'AN

LA GRAISSE EST UNE DRÔLE DE CHOSE. ON N'EN PERD JAMAIS LÀ OÙ ON LE VOUDRAIT

LA GRAISSE PRATIQUE L'HUMOUR NOIR

JIM DAVIS 5·16

LÀ OÙ J'ARRÊTE, IL FAUT REGARDER, HEIN GARFIELD?

OUAIS

JIM DAVIS

LES CHOSES QU'IL FAIT POUR UN PEU D'ACTION ...

12·30

CLIC CLIC CLIC CLIC

LA TÉLÉ-ROULETTE

VOUS NE DEVINEREZ JAMAIS CE QUE J'AI TROUVÉ AU MAGASIN

JIM DAVIS 12·31

DE FAUSSES DENTS POUR TOUTOU!

HA! HA! HA! HA!

MORDONS-LUI LE COU!

BAILLE

CHIC, IL NEIGE!

J'ADORE LA PREMIÈRE NEIGE

OUAAHH!

JIM DAVIS 1-4-87

FUMP!

BLAT! SPLAT! BOP!

TU T'ES AMUSÉ DANS LA NEIGE, GARFIELD?

PLUTÔT JE SUIS PRÊT POUR L'ÉTÉ À PRÉSENT

VOUS QUALIFIE-T-ON DE MOLLASSON TÉLÉPHAGE?

POURQUOI DEVRIONS-NOUS ÊTRE COUVERTS DE RIDICULE SOUS PRÉTEXTE QUE NOUS NOUS ADONNONS À UNE EXISTENCE CINÉTIQUEMENT PASSIVE?

LE PROCHAIN QUI VOUS ACCUSE DE PARESSE, DITES-LUI QUE LA MALADIE VOUS A TRÈS JEUNE ALITÉ.

RAPPELEZ-VOUS LE SLOGAN DE LA SEMAINE NATIONALE DE LA PARESSE: "POURQUOI FORCER?"

DE GRANDES IDÉES ONT VU LE JOUR À PARTIR DE CETTE NOBLE PENSÉE

CE N'EST CERTES PAS UN FANA DE L'AÉROBIC QUI A INVENTÉ LA SERVODIRECTION

CEUX QUI VEULENT CESSER DE VIOLENTER LEUR CORPS AVEC L'AÉROBIC MAIS QUI N'EN TROUVENT PAS LE COURAGE

PEUVENT DÉSORMAIS ADHÉRER AUX "EXERCISEURS ANONYMES DE GARFIELD"

CHAQUE FOIS QUE VOUS SENTEZ UNE ENVIE IRRÉPRESSIBLE DE JOGGER, JE DÉPÊCHE QUELQU'UN AVEC UN BOL DE LAIT CHAUD ET UNE CASSETTE DE TINO ROSSI

QUE DIS-TU DE ÇA, GARFIELD? UNE BELLE PARTIE DE PÊCHE EN PERSPECTIVE!

HUM

HÉ! OÙ EST L'APPÂT?

L'APPÂT?

GARFIELD!

JE CROYAIS QUE C'ÉTAIT UN SUSHI

À VRAI DIRE, GARFIELD EXIGE PEU DE SOINS

LES CHATS SONT SI PROPRES, ILS SE BICHONNENT SANS CESSE

NOUS N'AVONS PLUS DE TALC POUR LES PIEDS

PRESQUE À L'EXCÈS

MA CHÈRE, TOUJOURS AUSSI JOLIE! MAIS VOUS SEMBLEZ GUINDÉE DANS CETTE TENUE

POURQUOI NE PAS VOUS GLISSER DANS QUELQUE CHOSE DE PLUS CONFORTABLE?

MOI, PAR EXEMPLE!

QU'EST-CE QU'UN TRÉSOR DE FAMILLE?

C'EST UNE CHOSE QUI SE TROUVE DANS VOTRE FAMILLE DEPUIS PLUSIEURS GÉNÉRATIONS ...

ET QUE PERSONNE N'A EU LE CRAN DE JETER AU REBUT

COMME JE L'IMAGINAIS!

HO, NERMAL

LES CHATONS ADORENT LA POURSUITE

ÇA PEUT DEVENIR UN DIVERTISSEMENT TRÈS SATISFAISANT

CRASH!

LES CHATONS ADORENT AUSSI QUAND ON LEUR LANCE DES CHOSES

BONK!

ILS SONT RAVIS QUAND ON CACHE LEUR JOUET

JIM DAVIS 1-18

ROWR!
CRUNCH!
HISS!

MAIS PAS PENDANT LONGTEMPS

DEBOUT GARFIELD !

J'AI PRIS UNE DÉCISION QUI RISQUE DE MODIFIER LE COURS DE MA VIE

J'AI DÉCIDÉ DE ME FAIRE POUSSER UNE MOUSTACHE

J'IMAGINE QUE C'EST LA FAUTE AU LUNDI

REMARQUES-TU QUELQUE CHOSE, GARFIELD ?

TU NE BOIS PAS DANS TA TASSE À L'EFFIGIE DE TITOTO LE CLOWN ?

MA MOUSTACHE EST DU PLUS BEL EFFET

CE N'EST PAS LE CACAO ?

TU VEUX TOUCHER ? C'EST UNE SENSATION BIZARRE

HÉ L'AMI ! JE DOIS MANGER AVEC CES DOIGTS !

ODIE, UN MONSTRE VELU FAIT SON NID SOUS LE NEZ DE JON !

PEUT-ÊTRE QU'IL VA SE RÉPANDRE SUR TOUT LE VISAGE ?

VOUS VOUS MOQUEZ DE MOI ?

IL A REMUÉ !

ÇA T'AMUSE, GARFIELD ?

APPELLE-MOI M. DOMINO

ME VOICI FACE CONTRE UNE GAMELLE PLEINE DE BOUFFE

JE SUIS AU PINACLE DE LA PARESSE ET DE LA GLOUTONNERIE... DÉPRIMANT !

NULLE PART OÙ ALLER, UNE FOIS AU SOMMET

JIM DAVIS 2-2

BONK!

GARFIELD! DIS QUELQUE CHOSE!

TANTE EMMA? EST-CE TOI?

TU AS FAIT UNE VILAINE CHUTE GARFIELD. EST-CE QUE ÇA VA?

GARFIELD? QUI EST GARFIELD?

CIEL! IL A PERDU LA MÉMOIRE!

JE ME RAPPELLE POURTANT D'UNE PETITE FRINGALE

L'AMNÉSIE A SES BONS CÔTÉS. CE SERA BIEN DE DÉCOUVRIR QUEL GENRE DE TYPE JE SUIS

JIM DAVIS 2-4

ARRRGH!

OH NON! JE SUIS UN CHAT!

ODIE TE FERA PEUT-ÊTRE RECOUVRER LA MÉMOIRE

QUEL MIGNON CHIEN-CHIEN! VIENS ICI!

YIP! YIP! YIP!

JE ME DEMANDE SI CE GARFIELD ME PLAIRA?

REGARDE GARFIELD, C'EST POOKY. TON JOUET PRÉFÉRÉ ET TON MEILLEUR AMI. TU TE SOUVIENS DE POOKY?

NE SOIS PAS RIDICULE! JE SUIS UN CHAT ADULTE. QUE FERAIS-JE D'UNE PELUCHE?

GRÂCE À L'AMNÉSIE, JE PEUX REPARTIR À ZÉRO. JE DÉCIDE QUI JE VEUX ÊTRE

JE SUIS (BURP!) UN GLOUTON

L'AMNÉSIE EST CHOSE BIZARRE. CE GARFIELD M'EST TOTALEMENT ÉTRANGER

J'IGNORE TOUT DE LUI

HORMIS CE QUE CE SALIGAUD A FAIT DE MA SILHOUETTE

CELA DEVRAIT TE RAPPELER DES SOUVENIRS, GARFIELD   UNE LASAGNE !

NON MERCI ! VOUS N'AURIEZ PAS PLUTÔT UNE SOURIS BIEN DODUE ?

ARRRGH !

CE TRUC VA ME COLLER AUX MOUSTACHES

DOCTEUR, VOUS DEVEZ L'AIDER À RETROUVER LA MÉMOIRE

IL NE DONNE PLUS DE BAFFES À ODIE, NE DÉCHIRE PLUS LES FAUTEUILS, NE PARESSE PLUS, N'EST PLUS DÉSOBLIGEANT

ET VOUS VOULEZ QUE JE LE GUÉRISSE ?

À BIEN Y PENSER

FWANG !

JE HAIS LES CHAISES PLIANTES

SWOUSH

PAF !

JE HAIS LES JOURS VENTEUX

Z

CRAC

JE HAIS LES CRAMPES DANS LES JAMBES

ZOUM
ZOUM
ZOUM

MIAM
MIAM
MIAM

PFFT!

AH! PAUVRE PETIT BEIGNET!
TU SEMBLES SI SEUL

TU AS BESOIN
DE COMPAGNIE

J'AI UNE LASAGNE À
TA PRÉSENTER

PUIS-JE AVOIR LA MOITIÉ DE CE BEIGNET, GARFIELD ?

NON !

ZOUM !

JIM DAVIS 2-26

GARFIELD !

C'EST MON DERNIER BEIGNET À LA CONFITURE !

SPLASH !

CLAP

JIM DAVIS 2-27

QUELLE GARNITURE À L'INTÉRIEUR ? CRÈME PÂTISSIÈRE ?

JIM DAVIS 2-28

SAURAIS-TU QUELQUE CHOSE À PROPOS D'UN BEIGNET FOURRÉ AUX ÉPINARDS ?

WOUF!

ARRIÈRE, SALE CABOT OU JE T'ÉGRATIGNE LES

CHEVILLES. AÏE!

ARRRGH!

CE N'ÉTAIT QU'UN RÊVE! CE N'ÉTAIT QU'UN RÊVE! CE N'ÉTAIT QU'UN RÊVE!

GARFIELD, JE ME DEMANDE CE QUE JE VOIS EN TOI

PAS FACILE À DIRE, HEIN?

TU ES IMPOLI, ARROGANT, GROS, ÉGOÏSTE, ÉGOTISTE ET TOTALEMENT DÉPOURVU DE CHARME

JE NE SUIS PAS ÉGOTISTE

ARLÈNE, IL EST TEMPS DE PARLER SÉRIEUSEMENT

CROIS-TU?

OUI, DE L'ORTHODONTISTE QUI POURRAIT REDRESSER TES DENTS ÉCARTÉES

LA VÉRITÉ FAIT MAL

3-5

EUF

ARRRRGH!

JIM DAVIS 3-6

J'AIME BIEN QUAND JON PRÉPARE UN GÂTEAU

JIM DAVIS 3-7

PARCE QUE JE PEUX LÉCHER LA GLACE AU FOND DU BOL

GARFIELD!!

BIEN SÛR, IL PRÉFÈRE QUE CE SOIT APRÈS QU'IL AIT GLACÉ SON ŒUVRE

GARFIELD, IL FAUT PLUS DE LÉGUMES À TON ORGANISME

ALORS QUOI? TU VAS M'ENFONCER UNE CAROTTE DANS LE CŒUR?

TIENS! MANGE DES ÉPINARDS!

OH NON!

HEU! BLUP! EURK!

CESSE TON MÉLO, GARFIELD!

MANGE TES ÉPINARDS, GARFIELD!

C'EST BON POUR LA SANTÉ

VOILÀ QUI EST MIEUX!

MANGE DES ÉPINARDS, GARFIELD

ET GARNISSONS-LES D'UNE PLEINE BOÎTE DE RAISINS

JE LES DÉTESTE AUTANT!

ZIP!

SOIS GENTIL ENVERS ELLE. ELLE EST PEUT-ÊTRE CHATOUILLEUSE À PROPOS DE SON POIDS

COMMENT EST-ELLE ENTRÉE? PAR LE GARAGE?

ELLE S'APPELLE BERTHA

JE ME DISAIS

ELLE EST FANTASTIQUE. ON NE JUGE PAS UN LIVRE À SA COUVERTURE

NI UN PAQUEBOT À SA COQUE

JIM DAVIS 3-19

BERTHA, JE VOUS PRÉSENTE GARFIELD

IL POURRAIT AVOIR PLUS DE CHAIR SUR LE DOS

AFFECTUEUX N'EST-CE PAS?

IL NE RÉSISTE PAS AUX COMPLIMENTS

3-20

PENSE VITE JON! TROUVE QUELQUE CHOSE DE GENTIL À DIRE À LA DAME!

QU'EST-CE QUE VOS DENTS SONT RONDES!

JE MANGE BEAUCOUP

JIM DAVIS 3-21

NE ME DITES PAS!

NON, C'EST VRAI!

GARFIELD, VOICI LE NOUVEAU MEMBRE DE LA FAMILLE, GAZOU

JE SUIS CONVAINCU QUE VOUS VOUS ENTENDREZ À MERVEILLE

SÛR ET CERTAIN. TU N'AURAIS PAS DU GAZ POUR LE CHALUMEAU?

HELLO! JE M'APPELLE GAZOU. JE GAZOUILLE AFIN D'ÉGAYER VOS MATINÉES

ÉGAYER MA MATINÉE? TU VEUX ÉGAYER MA MATINÉE?

ALORS SORS DE LÀ ET VIENT T'ÉTENDRE ENTRE CES DEUX TRANCHES DE PAIN

JON!

COMMENT AIMES-TU GAZOU, GARFIELD?

AUTANT QUE LES CHIENS ET LES LUNDIS

TU N'AS PAS L'INTENTION DE LUI FAIRE DE MAL?

JE NE VOIS PAS DE QUOI TU PARLES

ALORS POURQUOI EST-IL COUVERT DE SAUCE AUX HUÎTRES?

UNE VIEILLE RECETTE DE FAMILLE

TU SAIS GARFIELD, LE PARTAGE EST L'UN DES PLAISIRS DE LA VIE

MIAM!

J'ADORE PROCURER DU PLAISIR À AUTRUI

VITE GARFIELD! C'EST BIENTÔT L'HEURE DE LA GYMNASTIQUE!

TU AS PROMIS D'ESSAYER, ALORS ALLONS-Y!

O.K. MAIS D'ABORD DIS-MOI ...

COMMENT SUIS-JE CENSÉ ME MOUVOIR?

JIM DAVIS 4-6

GARFIELD!

TU AS MIS MES BASKETS EN PIÈCES!

UN JOUR TU M'EN REMERCIERAS

LE JOGGING EST UNE MALADIE; J'EN SUIS LE VACCIN

JIM DAVIS 4-7

ALORS, LE DOS BIEN DROIT, LES MAINS SUR LES HANCHES

CEUX QUI NE PEUVENT REPÉRER LEURS HANCHES, ALLEZ-Y AU PIF

JE HAIS LES MONITEURS SARCASTIQUES

JIM DAVIS 4-8

LES SAUTS EN HAUTEUR, AU COMPTE DE DEUX ...

UN!

CRASH!

À PROPOS, AVANT DE COMPTER JUSQU'À DEUX, NE FAITES PAS CET EXERCICE SUR UN PARQUET CIRÉ DEPUIS PEU

C'EST MAINTENANT QU'IL LE DIT

BIEN! ON POUSSE VERS LE HAUT!

...ET ON RAMÈNE!

...VERS LE HAUT!

JE SUIS PROFILÉ POUR LES TRACTIONS

SÉRIEUSEMENT LINDA! JE SUIS UN TYPE DRÔLE. JE FAIS DES IMITATIONS!

VOUS FAITES AUSSI DES IMITATIONS? ALLEZ-Y!

ÉCOUTE GARFIELD! ELLE IMITE À PERFECTION LA TONALITÉ

SA CERVELLE N'A PAS DE TONALITÉ

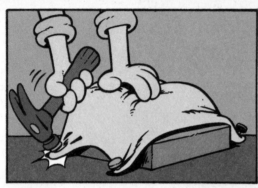

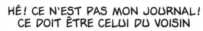

C'EST LE JOUR RÊVÉ POUR RESTER AU LIT ET PHILOSOPHER SUR LES PETITES VÉRITÉS

WOUF! WOUF!

DEBOUT, GARFIELD!

DRINNNNG!

DES VÉRITÉS DU GENRE: ABOLISSONS LE LUNDI!

LA VIE A BEAUCOUP À OFFRIR: LA MUSIQUE, LES ARTS, LA LITTÉRATURE ...

JE SONGE PARFOIS À M'INSTRUIRE DE CES CHOSES...

PUIS JE ME DIS: "TIENS-T'EN À CE QUE TU CONNAIS!"

COMMENT ES-TU DEVENU SI PARESSEUX, GARFIELD?

L'INTELLIGENCE, LA TÉNACITÉ, DES EFFORTS SOUTENUS, LA VOLONTÉ. ON NE NAÎT PAS PARESSEUX, C'EST UN ART QUI S'ACQUIERT...

JE N'AURAIS PAS DÛ DEMANDER

...UN ART QUE L'ON AFFINE, UN PEU COMME LA POÉSIE, LA DANSE OU LA MUSIQUE

VOICI LE FACTEUR, GARFIELD. QUE TA CONDUITE SOIT IRRÉPROCHABLE!

GRRR!

C'EST L'UNE DES FOIS OÙ JE ME SUIS LE MIEUX CONDUIT

J'AI TROP MANGÉ

JON VA PROBABLEMENT ME SERMONNER

GARFIELD, TU AS TROP MANGÉ

J'ESPÉRAIS QUE TU NE T'EN APERÇOIVES PAS

SCRIIII

ET QUE FAIS-TU AU JUSTE?

FIOU!

À TOI!

TU DOIS JUSTIFIER TES MOINDRES GAFFES, N'EST-CE PAS?

AIE! OÙ LE FACTEUR A-T-IL PU TROUVER UNE CHAÎNE POSTALE DE BAS?

MERVEILLEUX! C'EST ARRIVÉ!

REGARDE GARFIELD! UN BALLON GÉANT!

VOYONS DE PLUS PRÈS

EUH ... PLUTÔT IMPRESSIONNANT, GARFIELD

TU N'AS ENCORE RIEN VU

PFT!
PFT!
PFT!

GARFIELD?!

PFT!
PFT!
PFT!
PFT!

ÇA SUFFIT, GARFIELD!

PAS ENCORE!

PFT!
PFT!
PFT!

PFT!
PFT!
PFT!

DÉNOUE-LE! DÉNOUE-LE!

CHOISIS: LE BALLON OU MOI!

JIM DAVIS 5-3

ON DIT QU'À L'INTÉRIEUR DE TOUT OBÈSE SE TROUVE QUELQU'UN DE MINCE QUI CHERCHE À SE LIBÉRER

JE VOIS CE QUE TU VEUX DIRE

LE MIEN S'EST ÉCHAPPÉ IL Y A NEUF ANS ET N'EST JAMAIS REVENU

JIM DAVIS 5-7

HÉ GARFIELD! LES COPAINS ET MOI VOULONS TE TÉMOIGNER NOTRE ATTACHEMENT

CHARMANT!

5-8

POURQUOI CETTE MARQUE D'AFFECTION?

NOUS AIMONS TE SAVOIR LÀ

SANS COMPTER QUE SI TU PARTAIS, JON POURRAIT ADOPTER UN VRAI CHAT!

JIM DAVIS

QUE DIRAIS-TU D'UN BON PETIT-DÉJEUNER POUR DEUX, GARFIELD?

BONNE IDÉE!

SLAM!

CLIC

JIM DAVIS 5-9

JON EST PARFOIS ATTENTIONNÉ

ODIE, ON DIT QUE LES CHIENS SERVENT À PISTER LES CHOSES ÉGARÉES. TU PEUX PEUT-ÊTRE M'AIDER ...

VOICI LA PHOTO D'UNE LASAGNE. TROUVE-LA À PRÉSENT!

GRRRRRR!

SEULEMENT DEUX JOURS DE DIÈTE ET DÉJÀ JE ME SENS PLUS SVELTE!

C'EST SÛREMENT UN REFLET À RETARDEMENT